NOUVELLE BIBLIOTHÈQUE JUNIOR

Claire Mazard

Vaincre sa peur

Cornelsen

Nouvelle Bibliothèque Junior

Claire Mazard • Vaincre sa peur

Herausgeber	Thilo Karger, Klaus Mengler
Vokabelannotationen	Thilo Karger, Klaus Mengler
Verlagsredaktion	Sandra Brandstetter
Gesamtgestaltung und technische Umsetzung	krauß-verlagsservice, Ederheim/Hürnheim
Covergestaltung	Buchgestaltung +, Berlin
Umschlagfoto:	Shutterstock/Nagy-Bagoly Arpad

> Passend zur Lektüre *Vaincre sa peur* sind Handreichungen für den Unterricht mit Kopiervorlagen unter der Nummer 978-3-06-121672-6 verfügbar.

www.cornelsen.de

1. Auflage, 1. Druck 2019

Alle Drucke dieser Auflage sind inhaltlich unverändert und können im Unterricht nebeneinander verwendet werden.

© 2019 Cornelsen Verlag GmbH, Berlin

Das Werk und seine Teile sind urheberrechtlich geschützt. Jede Nutzung in anderen als den gesetzlich zugelassenen Fällen bedarf der vorherigen schriftlichen Einwilligung des Verlages.
Hinweis zu §§ 60 a, 60 b UrhG: Weder das Werk noch seine Teile dürfen ohne eine solche Einwilligung an Schulen oder in Unterrichts- und Lehrmedien (§ 60 b Abs. 3 UrhG) vervielfältigt, insbesondere kopiert oder eingescannt, verbreitet oder in ein Netzwerk eingestellt oder sonst öffentlich zugänglich gemacht oder wiedergegeben werden.
Dies gilt auch für Intranets von Schulen.

Druck: H. Heenemann, Berlin

ISBN 978-3-06-121691-7

PEFC zertifiziert
Dieses Produkt stammt aus nachhaltig bewirtschafteten Wäldern und kontrollierten Quellen.

www.pefc.de

*À Florian, Thomas, Benjamin, Pierre, Eloi,
Damien, Gaétan, Grégory, William, Rémi,
Allan, Mathieu, Samuel, Valentin,
anciens élèves charpentiers (2nde SOC,
Structure Ossature Charpente)
du Lycée professionnel Toussaint Louverture
à Pontarlier*

Et à leur professeure, Annie Seguin.

Je m'appelle Éléonore. J'ai 15 ans. Je suis née à Pontarlier, dans le Haut-Doubs et j'adore ma région. On l'appelle *Le Paradis blanc.* L'hiver, le paysage enneigé est à vous couper le souffle. Les sommets vous offrent une vue splendide sur la chaîne des Alpes, le Mont Blanc et les lacs.

Je suis en 2nde SOC (Structure Ossature Charpente) au Lycée professionnel Toussaint Louverture.

En début d'année, la prof de français nous a donné comme sujet de dissertation : *Pourquoi avoir choisi la voie Bois Charpente ?*

J'ai expliqué l'odeur du bois, douce et forte à la fois, les planches rugueuses, polies peu à peu par le travail. J'ai dit le bonheur d'être dehors, à l'air libre. Et j'ai conclu : « *L'idée de construire des toits, des abris pour les gens, me plaît, tout simplement.* »

Je veux être charpentière pour aussi me prouver que je peux y arriver. Et pour donner raison aux professeurs qui croient en moi.

Je veux être charpentière... malgré ma mère qui s'y oppose. Et malgré ce gros nul de Grégory qui fait tout pour me décourager.

Surtout, surtout, je veux être charpentière parce que...

Mais ça, c'est mon secret.

Dans la classe, je suis la seule fille. Dès le premier cours, le professeur principal s'est adressé aux dix-sept garçons.

– Parmi tous mes élèves, deux sont à présent de remarquables chefs d'entreprise.
Il a eu un temps. Puis :
– Deux filles.
Des sarcasmes ont fusé.
Le professeur a repris :
– Quand il y a une fille dans la classe, les garçons, vous êtes plus intelligents. Je me félicite donc d'accueillir Éléonore.
Dix-sept paires d'yeux m'ont fixée. Même ceux qui se trouvaient derrière moi.
– Votre Éléonore, elle est aussi plate qu'une planche ! a lancé Grégory.
Encouragé par les rires, il a ajouté :
– Remarquez, pour une élève en Bois Charpente, c'est peut-être mieux !
Hilarité.
Le prof l'a foudroyé du regard.
– J'ai dit « plus intelligent », Grégory. Je ne te conseille pas de recommencer.
Pendant les cours, Grégory n'a pas recommencé.

C'est en dehors qu'il lance ses plaisanteries. « Plate comme une planche » est sa préférée. Il la répète dix fois, vingt fois.

Je m'en moque.
Son allusion à mes petits seins ne me blesse pas. M'énerve seulement. Mes seins n'ont pas beaucoup poussé. Ne pousseront jamais beaucoup. Je le sais. Et alors ? Avec mes cheveux courts, un peu fous, ma frimousse de chaton, et mes seins... œufs au plat, j'ai des airs à l'actrice Charlotte Gainsbourg, à ses débuts.
Je suis peut-être menue mais je sais ce que je veux.

– Malgré les fautes d'orthographe et de grammaire, je te félicite pour ta dissertation Éléonore, a dit madame Téguin.
Je n'aime pas écrire. Je n'aime pas beaucoup lire non plus. Pourtant j'aime les mots.

Les mots qui chantent, qui pleurent, qui dansent, qui font rêver.
Un jour, elle nous a évoqué Paul Verlaine.
– Avec Paul Verlaine, a-t-elle expliqué, les mots chantent encore et encore. Et même quand ils pleurent, ils chantent encore.
L'idée m'a plu.
Elle nous a lu un poème : *Le ciel est, par-dessus les toits, si bleu, si calme...* Elle l'a lu avec une telle justesse, une telle émotion...
Ça m'a bouleversée.

Depuis la rentrée, nous avons appris à mesurer, découper, scier. Nous confectionnons des ouvrages : charpentes, escaliers, tasseaux... Je travaille aussi bien que les garçons. Ils se sont habitués à moi. J'ai forcé leur respect.

Seulement Grégory...

– Tu es prête pour lundi, Éléonore ?

Je sursaute. Grégory s'est glissé à mon côté. Sourire moqueur.
Je ne réponds pas. J'actionne la raboteuse.

Lundi, c'est mon premier jour de chantier. L'entreprise envoie les apprentis deux par deux pour participer au montage d'une charpente. J'aurais pu tomber avec Thomas, Pierre, Valentin, Damien ou Benjamin.
Ou mieux, Mathieu. Mathieu, j'aurais tant aimé.
Mon cœur bat.
Je n'en laisse rien paraître mais j'ai un petit faible pour Mathieu.
Un gros faible.
J'en suis amoureuse.
En silence.

… Il a fallu que ce soit Grégory !

Fin de journée. Sonnerie. Je souhaite un bon week-end aux copains et aux employés. Je me dirige vers mon vélo.

Grégory surgit comme un chat et me frôle :
– Alors, vieille branche, tu n'as pas répondu. Tu es prête pour… le grand saut lundi ?
J'enfourche ma bicyclette. Je pédale à toute allure pour ne plus l'entendre.
« Prête pour le grand saut ? »
J'ai comme un poignard planté en plein cœur.
Sans le savoir, Grégory a tapé dans le mille.
Parfois, je me demande s'il ne sait pas.
Si lui, le gros nul, il n'a pas compris.

Il ne peut pas savoir.
Comment saurait-il ce que personne ne sait ?

**

— Ah, te voilà, Éléonore.

Ma mère, fatiguée de sa journée. De sa semaine. Ses grands cernes sous les yeux. Ses mots qui pleurent même quand ils chantent.
Parfois, je pense qu'il aurait mieux valu qu'elle « refasse sa vie » comme on dit.

En face d'elle, à table, je n'évoque pas le chantier de lundi. Je ne parle pas de Grégory. Encore moins de mon angoisse.
D'un mot, elle est capable de m'ôter tout mon courage.

Elle ne veut pas que je sois charpentière. Même s'il y a de l'avenir dans la profession, surtout dans notre région.

Elle me regarde.
C'est plus fort qu'elle :
– Ton père serait là...
Je me lève. Je l'abandonne au milieu de la cuisine.
Qu'en sait-elle ?
Je me barricade dans ma chambre.

***

Dimanche matin.
Le soleil est pâle.
Je ne suis pas venue au cimetière depuis au moins cinq ans.
J'aperçois le bouquet coloré.
Je hausse les épaules.
Depuis huit ans, ma mère, régulièrement, vient…
À quoi ça rime ?
Je regarde la tombe bien entretenue.
Je ne ressens rien.

Mon père n'est pas dans ce tombeau. Mon père n'est pas dans ce cimetière.
Il est au fond de mon cœur.

Je murmure :
– J'y arriverai, Papa, pour toi, j'y arriverai. Je te le promets.

***

Nuit agitée. Je n'ai pas bien dormi.
Ma mère est déjà partie.
Sur la table, mon bol de petit-déjeuner.
Avec un mot : « Je pense à toi, ma chérie ».
Ma pauvre Maman.
Je voudrais tant parfois la voir sourire, se laisser aller à plus de sérénité.
J'ai envie de pleurer.
Depuis longtemps, mes larmes ne coulent plus.

J'enfourche mon vélo. Je pédale, heureuse.
Heureuse et terriblement inquiète.

À l'entreprise, M. Wermut père m'accueille.
– Bonjour Éléonore. Grégory n'est pas encore arrivé. Le chantier se trouve à vingt kilomètres, une maison écologique de trois étages.

J'aide les employés à hisser les planches dans le camion.
Ça n'en finit plus. Je tiens le coup.
Bruit de scooter.
Grégory. Pull bleu marine moulant, jean... J'ai l'impression de le voir pour la première fois. Ses cheveux bruns, son allure sportive, son assurance m'énervent. Il cogne sa main contre celles des camarades.
Malgré sa décontraction, il n'a pas l'air au mieux de sa forme. Il a dû sortir ce week-end. Draguer les filles. Vu sa misogynie, je me félicite de n'être pas sa petite amie.

Avec quatre des employés, nous nous installons à l'arrière dans le camion. Grégory ne prononce pas un mot. À ses lèvres, même pas son sourire moqueur !
Je me laisse bercer. Je regarde le nain bûcheron qui se balance, accroché au rétroviseur.
– Je vous explique, Éléonore et Grégory. Un architecte a dessiné les plans. En atelier,

vous avez découpé les planches, confectionné les solins, les poutres... Il va falloir assembler tout cela et installer la charpente sur la structure. Ça ira ?
Je fais oui de la tête. Mais je ne me sens pas très bien. À combien de hauteur se situe cette charpente ? Dix mètres ? Plus ?
Je suis glacée au fond de moi.

– Nous voilà arrivés !
Comme un automate, je saute du camion. Et je blêmis : la structure devant nous est à au moins quinze mètres du sol.
– Allez les jeunes, on décharge et puis hop, on assemble.
Et puis « hop » ! Je regarde l'échelle. Elle me paraît interminable.
Les employés sont déjà en haut.
– Qui monte de vous deux maintenant ?
Monsieur Wermut nous dévisage. Je dois être blanche comme neige.
– Ça va, Éléonore ?

J'avale ma salive.
– Oui.
– Et toi, Grégory ?
– Heu… oui.
Je regarde « mon ennemi ». Il est livide. Je découvre la panique dans son regard.
Il s'avance.
– J'y vais.
Voix d'outre-tombe. Il me ferait presque de la peine.
Il commence à grimper.
– Regarde toujours vers le haut, Grégory ! recommande monsieur Wermut. Pas vers le bas !
Grégory monte, lentement. Soudain, je comprends : il a peur. Comme moi !
– Tu y es presque Grégory, l'encourage monsieur Wermut.
Le voilà enfin tout en haut. Les employés, sympas, applaudissent.
– À toi, Éléonore !
Je voudrais fuir. Prendre mes jambes à mon cou. Abandonner.

Le vertige va me gagner. Me piéger. M'envahir. Je le sens. Je le sais : je vais chuter.
« J'y arriverai, Papa, pour toi, j'y arriverai. Je te le promets. »
Je pose mon pied sur le premier barreau. Je regarde vers le haut. Comme Grégory, un instant plus tôt, je monte, lentement. Ne pas regarder vers le bas. Ne pas penser à... Avancer. Avancer. Un barreau encore. Encore un barreau. Je sens l'air frais sur mes joues. Regarder vers le haut ! Surtout pas vers le bas ! Ne penser à rien !
Mais je pense.
Je pense à mon père.
À son sourire.
À son regard.
À notre complicité.
J'entends sa voix.
Si douce.
Chantante.
Je pense à...
Mon cœur bat.

Je ne peux plus avancer.
JE NE PEUX PLUS.
Je vais lâcher prise.
Je vais tomber.
Me scratcher sur le sol.
Je ferme les yeux.
Je suis incapable de faire un mouvement de plus.
– Courage, Éléonore !
J'ouvre les yeux.
C'est Grégory qui a parlé.
Il me sourit.
Mais pas de son sourire moqueur.
D'un sourire, un peu timide, que je ne lui connais pas.
Un sourire... bleu.
– Tu es presque arrivée.
Je me sens plus courageuse soudain.
Le ciel est, par-dessus les toits, si bleu, si calme...
Encore un barreau...

J'ai l'impression qu'une éternité s'écoule. Que j'exécute mes mouvements au ralenti.
J'entends :
– Bravo, Éléonore.
Je suis en haut !
J'ai réussi ! J'ai réussi !
J'ai vaincu ma peur. Cette peur nichée depuis toujours au fond de moi.
Grégory me tend la main. J'hésite. Si c'était une ruse ? Non. Sa main chaude me réconforte.
– Une fois en haut, le plus dur est fait, me chuchote-t-il.
– Allez les jeunes, au travail. La première fois, c'est impressionant, et puis... vous vous habituerez très vite.

Je ne vois pas le temps passer.
À un moment, nous faisons une pause. Assis sur les poutres, les employés, M. Wermut, Grégory et moi. Comme des oiseaux sur une branche.

– Appréciez, dit monsieur Wermut. Aucun autre métier ne vous offrira ce paysage et cet air pur.

Nous regardons. Nous apprécions. Les forêts. Les montagnes. Devant nous. Autour de nous. Les sapins figés frémissent imperceptiblement. Un aigle, dans l'azur, plane. Des pépiements d'oiseaux résonnent au loin en écho. Pour s'avertir du danger. La forêt semble immobile. Le temps semble immobile.

À nouveau, je pense à mon père.

Au poème de Verlaine. *Le ciel est, par-dessus les toits si bleu, si calme...* Je change quelques mots : *Le ciel par-dessus les montagnes apaise mon âme...*

Ça me vient comme ça.

À midi, nous allons tous manger au restaurant du village voisin.

Après le calme et l'air pur, nous voilà dans le brouhaha et l'odeur de cuisine du bistrot.

Grégory et moi, nous dévorons le gratin dauphinois.

L'après-midi, sur l'échelle, je n'ai plus peur du tout.

De retour à l'entreprise, les copains nous interrogent.
– Alors ?
– C'est impressionnant, répond Grégory.
J'acquiesce d'un mouvement de tête.

Puis nous restons face à face, lui devant son scooter, moi devant mon vélo.
Silencieux.
– À demain, me dit-il enfin.
– À demain.
Il démarre son scooter.

***

— *A*lors, Éléonore? me demande ma mère.
– Ne crains rien, Maman. Je n'ai pas le vertige. Je ne tomberai pas.
Elle a un soupir de soulagement.
Oui, Maman, j'ai dominé ma peur. Et tout en haut, le paysage était étonnant. Si apaisant.

Avant de m'endormir, je pense à Grégory.
« Une fois en haut, le plus dur est fait. »
Son regard clair.
Il est tellement plus beau quand il ne sort pas ses vannes nulles.

***

– Vous avez apporté des sandwichs aujourd'hui, les jeunes ? Vous mangez sur place ? Alors à tout à l'heure…

À midi, monsieur Wermut part au restaurant avec ses employés.

Grégory et moi, sans nous être consultés, avons apporté notre repas. Sandwich au saucisson-cornichons pour lui. Aux sardines avec un coulis de confiture de framboises (j'adore) pour moi. Nous nous installons dans un coin du chantier, forêts à perte de vue devant nous. Le silence nous enveloppe. L'azur zébré par quelques oiseaux, les cimes des arbres à perte de vue, et le soleil… Nous sommes comme dans une bulle. Comme seuls au monde.

Nous mangeons sans rien dire. Puis :

– J'ai apporté deux bananes, annonce Grégory.

J'éclate de rire.
– Et moi... deux pommes !
Il rit aussi.
Il n'est plus le même.
Il n'est pas, en tout cas, le Grégory que j'ai connu en cours.
– Tu sais, Grégory, j'ai oublié, hier, de... de te dire merci, pour...
– Pour quoi ?
– Pour m'avoir encouragée.
Il soupire.
– Notre prof a raison, Éléonore. Au contact d'une fille, un garçon est plus intelligent.
Silence. Il reprend :
– Tu sais, Éléonore, je redoutais tant de monter si haut. J'ai eu tellement peur. En plus d'être un gros macho, je suis un peu lâche.
– La peur, les angoisses, ça aide à se construire parfois...
Est-ce sa peur à monter à l'échelle qui a provoqué en lui comme un électrochoc ?

– Je ne comprends pas, Éléonore, comment j'ai pu être aussi nul avec toi.
Je crois que j'aurais aimé avoir une sœur. Ça m'aurait fait du bien.
Je l'écoute me parler de son enfance.
– Et toi, Éléonore ?
Soudain, je m'aperçois que j'ai envie de lui expliquer…
– Quand j'étais petite, mon père me fabriquait des jouets en bois. Il avait même réalisé pour moi un jeu de construction, une maison en bois, faite avec des chutes de son entreprise. J'adorais.
Je me tais soudain. Je reprends ma respiration.
– Avec ma mère, nous allions parfois l'attendre sur son chantier. Je raffolais de ces jours-là… Je gambadais. Il était, à mes yeux d'enfant, indestructible.
Ma voix se brise.
Grégory me prend doucement la main. Il comprend que j'ai besoin de parler. Besoin

de confier quelque chose. De terriblement important.
Je vais lui raconter mon secret. Ce secret niché en moi depuis toute petite.

– Et puis un jour…

Grégory emprisonne ma main maintenant, pour m'encourager à parler.
Je reprends :
– Un jour – j'avais huit ans – en arrivant sur le chantier, il y avait un camion de pompiers. Un homme est venu à la rencontre de ma mère… Je n'ai pas compris tout de suite. Elle a poussé un cri que je n'ai jamais oublié. Que je n'oublierai jamais.

Des larmes coulent le long de mes joues.
La main de Grégory serre fort la mienne. Je murmure :
– Un accident. Mon père a perdu l'équilibre. Il est mort sur le coup.

Grégory me laisse pleurer. Me libérer des larmes emprisonnées en moi depuis si longtemps.
Quand monsieur Wermut et les employés reviennent, je suis mieux.
Nous remontons sur la charpente.
Tout en haut, je réalise que Grégory est le seul à qui j'ai confié mon secret.

Au moment de me quitter, devant son scooter, il déclare :
– J'ai deux choses à t'annoncer, Éléonore. D'abord, je vais abandonner la formation Bois Charpente. Je ne suis pas à mon aise dans cette orientation. J'ai réfléchi toute la nuit dernière. Je vais me reconvertir à Bois Menuiserie. Toujours le bois mais sur la terre ferme.

Il ajoute :
– Tu réaliseras l'extérieur des maisons, moi, l'intérieur les meubles.

– Tu ne vas plus venir à l'entreprise de monsieur Wermut ?
– Non. J'espère vite pouvoir changer de section. J'irai voir le directeur du lycée demain. Je ne le lui dis pas mais je trouve ça bien. Reconnaître ses erreurs. Savoir changer à temps.
– Et la deuxième chose, Grégory ?
Il met son casque, démarre son scooter. Il crie :
– Mathieu … Il est amoureux de toi !

***

« **M**athieu est amoureux de toi ! »
Sa phrase me fait tellement plaisir.
Mathieu amoureux de moi ! La vie est belle, belle, belle ! J'ai envie de chanter. De rire. De danser.

Puis… j'observe Mathieu. Je dégringole de mon petit nuage : il n'est pas du tout amoureux de moi. Il me regarde à peine, jamais en face. Parfois quand j'arrive, il s'en va.
Je suis en colère. Contre Grégory ! Contre Mathieu ! Contre moi ! Contre le monde entier !

Je m'explique avec Grégory.
– À cause de toi, je me suis fait tout mon cinéma !

Je vois bien qu'il est ennuyé. Il doit se rendre compte de son erreur.
– Il est peut-être intimidé par toi, Éléonore. Ou timide tout simplement. Si tu veux, question cinéma, je t'y invite samedi.
C'est ça ! Puisque Mathieu n'est pas amoureux de moi, lui, Grégory, il va tenter sa chance !
Il m'arrête doucement :
– Je t'invite au cinéma en ami, Éléonore, juste en ami.
Il vient d'avoir la voix de nos confidences sur le chantier de monsieur Wermut. Alors... j'accepte.

Samedi. Je suis en retard. Je cours.
Pas de Grégory devant le cinéma ! Il s'est moqué de moi !
Soudain, devant les guichets, j'aperçois...
Cette silhouette, ce blouson en cuir, cette chevelure... n'est-ce pas ? C'est Mathieu !
– Que fais-tu là, Élonore ?

– J'ai rendez-vous avec Grégory.
– Moi aussi !

Nous nous regardons, étonnés, puis nous éclatons de rire. Parce que la ruse de Grégory pour que nous nous retrouvions est grosse… comme une montagne.
Dans le noir de la salle, nous oublions de suivre le film. Nous oublions notre timidité. Car c'est par timidité, par manque d'assurance que Mathieu fuyait mon regard. Nos mains, naturellement, osent se rejoindre. S'enlacent. Nos corps se rapprochent.
Certains sont encore plus timides quand ils sont amoureux ? Je le comprends : Mathieu me plaît pour cela. Et parce qu'il n'est pas du tout frimeur.
Merci Grégory ! Merci.

***

*T*rois ans ont passé.
J'ai eu mon diplôme. Monsieur Wermut m'a engagée. Je ne me lasse pas du métier. Je l'apprécie de plus en plus. Parfois, c'est en ville que nous construisons des charpentes, pas toujours devant la montagne. Mais les chantiers à l'air pur, dans notre belle région, sont nombreux.
Comme mon père, un jour, peut-être, je serai artisane charpentière à mon compte.

Ma mère s'est faite à l'idée. Je la trouve plus sereine. Je vais rester dans la région, elle en est heureuse, je crois.

Mathieu, lui aussi, a obtenu son diplôme de charpentier.
Nous nous aimons toujours. Régulièrement, nous allons à notre cinéma. Et nous

nous baladons dans la forêt. Blanche l'hiver. Colorée au printemps. Verte l'été. Dorée et orangée à l'automne.

Je me vois bien passer toutes les saisons de ma vie avec lui. Peut-être, ensemble, nous construirons notre maison ? Toute en bois. Écologique bien sûr. Avec de grandes baies vitrées pour faire entrer le soleil. Chaude. Chaleureuse. Et accueillante pour les amis.

Mais je ne veux pas aller trop vite. Avant, je veux vivre. Réfléchir.
Et voyager.
Je compte offrir à ma mère le voyage jusqu'à la Loreleï, la vallée du Rhin, en Allemagne. Avec mon père, elle l'a tant aimée. Elle dit que le paysage y est féérique, inquiétant sous la brume. Que le fleuve, sous les rochers, est majestueux et que le train, surgissant hors du tunnel, semble ... un jouet.

Avec Mathieu, un jour, nous nous rendrons au Canada. *Le Paradis blanc* canadien doit être impressionnant. C'est peut-être notre région, le Haut-Doubs, ... à la puissance 1 000 ?

En cet instant précis, je sprinte : Grégory m'attend.
Il a obtenu son diplôme de menuiserie et a trouvé du travail comme ébéniste. Il loue un studio. Nous nous voyons deux à trois fois par mois.
Je sonne. Il ouvre.
– Ça va, « vieille branche » ?
C'est la seule plaisanterie qu'il s'autorise. Bien sûr, c'est de lui, de celui qu'il était avant, dont il se moque.
– Éléonore, j'ai préparé...
– Une fondue au fromage !
Je rigole parce que c'est le seul plat qu'il sait préparer. Et que c'est mon préféré !

J'adore discuter avec lui autour d'une fondue au fromage !

Grégory... devenu mon ami !
Qui l'aurait cru ?

Claire Mazard

J'habite un petit coin de campagne… à Paris. Tulipes orangées, lilas mauves, lilas blancs, fraises des bois et groseilles rouges, iris couleur encre violette, mésanges jaunes, moineaux gris et verts, merles au chant multicolore et un… magnifique chat noir. Tout cela évoque ma petite enfance, emplie de poésie.

Dans mon jardin, il y a un cabanon en bois. Je l'ai décoré avec les portraits de mes auteurs préférés.

De la fenêtre, j'aperçois le ciel au-dessus des toits, pas toujours bleu, pas toujours calme…

Comme la vie.

Alors je prends mon stylo et j'écris, j'écris, j'écris.

Le ciel est, par-dessus…

Le ciel est, par-dessus le toit,
Si bleu, si calme !
Un arbre, par-dessus le toit,
Berce sa palme.

La cloche, dans le ciel qu'on voit,
Doucement tinte.
Un oiseau sur l'arbre qu'on voit
Chante sa plainte.

Mon Dieu, mon Dieu, la vie est là,
Simple et tranquille.
Cette paisible rumeur-là
Vient de la ville.

– Qu'as-tu fait, ô toi que voilà
Pleurant sans cesse,
Dis, qu'as-tu fait, toi que voilà,
De ta jeunesse ?

Paul Verlaine, Sagesse, Vanier, 1902,
Œuvres complètes, volume I

VOCABULAIRE

Die deutsche Entsprechung der Vokabeln bezieht sich meist auf ihre Verwendung im Text und entspricht nicht immer der Hauptbedeutung.

Symbole und Abkürzungen
f.	*féminin* / feminin (weiblich)
m.	*masculin* / maskulin (männlich)
pl.	*pluriel* / Plural (Mehrzahl)
qc/etw.	*quelque chose* / etwas
qn/jd/jdn/jdm	*quelqu'un* / jemand / jemanden / jemandem
fam.	*familier* / umgangssprachlich

A
abandonner aufgeben, zurücklassen
l'abri *m.* der Unterstand, die Schutzhütte
actionner betätigen
accroché/e aufgehängt
accueillir begrüßen, empfangen
accueillant/e freundlich, gastlich
acquiescer bejahen
agité/e unruhig
l'aigle *m.* der Adler
être à son **aise** *f.* sich wohl fühlen
ajouter hinzufügen

l'allure sportive das sportliche Aussehen
à toute **allure** mit hoher Geschwindigkeit
l'**allusion** f. die Anspielung
l'**âme** f. die Seele
ancien/-ienne ehemalig/e
l'**angoisse** f. die Angst
annoncer ankündigen
apaisant/e beruhigend
apercevoir sehen, bemerken
s'**apercevoir** bemerken
applaudir Beifall klatschen
apprécier schätzen, genießen
l'**apprenti/e** der/die Auszubildende
à l'**arrière** hinten
l'**artisane charpentière** die Zimmermannsgesellin
assembler zusammenführen

assis/e sitzend
l'**assurance** f. die Selbstsicherheit
l'**atelier** m. die Werkstatt
aucun/e kein/e
s'**autoriser** sich erlauben
l'**automne** m. der Herbst
avaler sa salive schlucken
avancer vorankommen
s'**avancer** vortreten, näher kommen
l'**avenir** m. die Zukunft
s'**avertir** sich warnen
l'**azur** m. der blaue Himmel

B

la **baie vitrée** das Panoramafenster
se **balader** spazieren gehen
se **balancer** schaukeln
le **barreau** die Sprosse
se **barricader** sich einsperren
vers le **bas** nach unten

battre schlagen
bercer wiegen, sanft schaukeln
blêmir kreidebleich werden
blesser verletzen
le **bois** das Holz
le **bol** die Schale
bouleversé/e bewegt
le **bouquet** der Strauß
la **branche** der Ast
vieille **branche** *fam.* alter Kumpel
se **briser** brechen
le **brouhaha** der Lärm, das Getöse
la **brume** der Nebel
brun/brune (dunkel-)braun
le **bûcheron** der Holzfäller
la **bulle** die (Luft-) Blase

C

le **cabanon** die kleine Hütte
le **camion** der Lastwagen
le **cas** der Fall
celui derjenige
celles *f. pl.* diejenigen
les **cernes** *m. pl.* **sous les yeux** *m. pl.* die dunklen Ringe unter den Augen
certain/e gewisse, bestimmt
ceux diejenigen
chaleureux/-euse gemütlich
le **chantier** die Baustelle
la **charpente** das Zimmermannshandwerk, der Dachstuhl
le **charpentier** der Zimmermann
la **charpentière** weiblicher Zimmermann
(l'élève charpentier/charpentière der/die Zimmermannslehrling)
le **chant** der Gesang
le **chaton** das Kätzchen
la **chevelure** die Haare
chuchoter flüstern

la **chute** die Holzreste, die Späne
chuter abstürzen
le **ciel** der Himmel
la **cime** der Wipfel
le **cimetière** der Friedhof
le **cœur** das Herz
cogner schlagen
dans un **coin** in einem Eck
être en **colère** wütend sein
coloré/e bunt
la **complicité** das Einverständnis
à mon **compte** selbstständig
compter beabsichtigen, vorhaben
conclure schließen, enden mit
confectionner herstellen
les **confidences** f. pl. die Vertraulichkeiten
confier anvertrauen
conseiller raten/den Rat geben
construire bauen
se **consulter** sich absprechen
le **cornichon** das Essiggürkchen
le **corps** der Körper
couler fließen
le **coulis** das Püree
sur le **coup** sofort
tenir le **coup** durchhalten
couper le souffle den Atem nehmen
le **courage** der Mut
court/e kurz
craindre fürchten
le **cri** der Schrei
qui l'aurait **cru** wer hätte es geglaubt
le **cuir** das Leder

D

décharger abladen
déclarer erklären
la **décontraction** die Entspanntheit

découper (in Stücke) schneiden
décourager entmutigen
dégringoler herunterpurzeln, herunterfallen
dehors draußen
démarrer starten
dès von ... an
deux par deux in Zweiergruppe
dévisager anschauen, mustern
dévorer verschlingen
se **diriger vers** sich bewegen zu
la **dissertation** der Aufsatz, die Abhandlung
dominer bezwingen
doré/e golden
doux/douce mild, sanft
draguer anmachen

E
l'**ébéniste** *m.* der Tischler
l'**échelle** *f.* die Leiter
la maison **écologique** das Passivhaus
s'**écouler** verstreichen
l'**émotion** *f.* das Gefühl
empli/e de erfüllt von
l'**employé/e** der/die Angestellte
emprisonner einsperren, umschließen
encourager qn jdn ermuntern, unterstützen
l'**encre** *f.* die Tinte
s'**endormir** einschlafen
l'**enfance** *f.* die Kindheit
enfourcher la bicyclette/ le vélo aufs Fahrrad aufsteigen
engager einstellen
s'**enlacer** sich ineinanderschlingen
enneigé/e verschneit
l'**ennemi** *m.* der Feind
le monde **entier** die ganze Welt
l'**entreprise** *f.* das Unternehmen
entretenu/e gepflegt

envahir über mich kommen
envelopper umhüllen, einhüllen
l'**erreur** f. der Fehler
l'**escalier** m. die Treppe
l'**éternité** f. die Ewigkeit
étonnant/e erstaunlich
évoquer hinweisen auf, erwähnen
exécuter ausführen
l'**extérieur** m. das Äußere

F

fabriquer herstellen
en **face de** gegenüber
avoir un **faible pour qn** etw. für jdn übrig haben
se **faire à l'idée** f. sich an den Gedanken gewöhnen …
il a **fallu que ce soit** es musste … sein
féérique märchenhaft
(se) **féliciter** (sich) beglückwünschen
figé/e erstarrt
à la **fois** zugleich
au **fond de mon cœur** im innersten Herzen
foudroyer du regard vernichtende Blicke zuwerfen
fou/folle struppig
forcer erzwingen
la **formation** die Ausbildung
frais/fraîche frisch
la **framboise** die Himbeere
frémir zittern
le **frimeur** der Angeber
la **frimousse** *fam.* das Gesichtchen
frôler streifen
fuir fliehen
fuser hörbar werden

G

Gainsbourg Charlotte (*1971), bekannte französische Schauspielerin mit knabenhafter Figur, Tochter des Sängers Serge Gainsbourg und der Schauspielerin Jane Birkin
gambader vor Freude Luftsprünge machen
glacé/e eiskalt
se **glisser** sich rasch setzen
le **gratin dauphinois** das Kartoffelgratin
grimper klettern
la **groseille** die Johannisbeere
le **guichet** die Kinokasse

H

s'**habituer** sich gewöhnen
hausser les épaules *f. pl.* mit den Schultern zucken
le **Haut-Doubs** Département im französischen Jura
en **haut** oben
vers le **haut** nach oben
l'**hilarité** *f.* die Heiterkeit
hisser hochheben

I

immaculé/e unbefleckt, rein
l'**immensité** *f.* die (unendliche) Weite
imperceptiblement unmerklich
impressionnant/e beeindruckend
incapable unfähig
indestructible unzerstörbar
inquiétant/e beängstigend
l'**instant** *m.* der Augenblick

l'**intérieur** *m.* das Innere
interminable unendlich
intimidé/e eingeschüchtert
interroger befragen

J

prendre les **jambes** *f. pl.* à son cou *m.* die Beine in die Hand nehmen, davon fliehen
le **jouet** das Spielzeug
la **justesse** die Angemessenheit

L

lâcher prise loslassen
lancer vorbringen
la **larme** die Träne
se **lasser de qc** einer Sache müde werden
lent/e langsam
la **lèvre** die Lippe
se **libérer** sich befreien
le **lilas** der Flieder
livide *m./f.* bleich
louer mieten

le **lycée (professionnel)** das (berufliche) Gymnasium

M

majestueux/-euse majestätisch, würdevoll
malgré trotz
le **manque** das Fehlen
mauve blassviolett
menu/e schmächtig, schlank
la **menuiserie** das Schreinerhandwerk
la **merle** die Amsel
la **mésange jaune** die Kohlmeise
mesurer messen
le **métier** der Beruf
les **meubles** *m. pl.* die Möbel
la **mienne** die meinige
au **milieu de** mitten in
la **misogynie** die Frauenfeindlichkeit
le **moineau (gris)** der (Haus-) Sperling

le **moineau vert** der Grünfink
se **moquer** sich lustig machen
moqueur/-euse spöttisch
moulant/e eng anliegend
le **mouvement** die Bewegung
multicolore vielstimmig
murmurer murmeln

N
le **nain** der Zwerg
naturellement auf natürliche Weise
niché/e eingenistet
nombreux/-euse zahlreich
le **nuage** die Wolke
le **nul** die Null
nul/le erbärmlich

O
obtenir erwerben
l'**odeur** f. der Geruch

les **œufs** m. pl. **au plat** die Spiegeleier
s'**opposer** sich dagegen stellen
orangé/e orangefarben
l'**orthographe** f. die Rechtschreibung
oser wagen
ôter wegnehmen
d'**outre-tombe** aus dem Jenseits
l'**ouvrage** m. das Werkstück

P
paisible friedlich, ruhig
pâle fahl
paraître erscheinen, erkennen lassen
la **paire d'yeux** m. pl. das Augenpaar
la **palme** der Palmzweig
par-dessus oberhalb, über
parmi unter
participer teilnehmen, mitwirken

particulièrement insbesondere
pédaler in die Pedale treten
à **peine** kaum
faire de la **peine** Leid tun
le **pépiement** das Piep(s)en
à **perte de vue** soweit das Auge reicht
piéger gefangen nehmen
sur **place** vor Ort
la **plainte** die Wehklage
la **plaisanterie** der Scherz
le **plaisir** das Vergnügen
la **planche** das Brett, die Planke
planer schweben
planter en plein cœur mitten ins Herz stechen
le **plat** das Gericht
plat/e flach
de **plus** zusätzlich
le **poème** das Gedicht
le **poignard** der Dolch
poli/e poliert
le **pompier** der Feuerwehrmann
Pontarlier Stadt im Jura nahe der Schweizer Grenze
pourtant dennoch
pousser wachsen, ausstoßen
la **poutre** der Dachbalken
à **présent** jetzt
être **prêt/e pour qc** für etw. bereit sein
la **profession** der Beruf
promettre versprechen
prouver beweisen
provoquer provozieren
puisque da, weil
à la **puissance 1 000** mit 1 000 multipliziert
pur/e rein

Q

quitter zurücklassen, verlassen

R

la **raboteuse** der Hobel
raffoler schwärmen
au **ralenti** verlangsamt, in Zeitlupe
se **rapprocher** sich annähern
réaliser verstehen, verwirklichen, bauen
recommander empfehlen
réconforter beruhigen
se **reconvertir** sich umschulen lassen
redouter fürchten
refaire sa vie ein neues Leben beginnen
régulièrement regelmäßig
se **rejoindre** sich berühren
remarquable *m./f.* anerkannt
remonter wieder hinaufsteigen
se **rendre** sich begeben, reisen
se **rendre compte** bewusst werden
reprendre fortfahren
résonner widerhallen
la **respiration** die Atmung
ressentir fühlen
le **rétroviseur** der Rückspiegel
réussir erfolgreich sein
le **Rhin** der Rhein
rigoler lachen
À quoi ça **rime?** Was hat das für einen Sinn?
les **rires** *m. pl.* das Gelächter
le **rocher** der Fels
la **rumeur** das Gerücht
rugueux/-euse rau
la **ruse** der Trick

S

la **sagesse** die Weisheit
la **saison** die Jahreszeit
la **salive** der Speichel
le **sapin** die Tanne

le **sarcasme** der spöttische Spruch
le **saucisson** die luftgetrocknete Salami
le **saut** der Sprung
sauter springen
scier sägen
le **scooter** der Motorroller
se **scratcher contre qc** *fam.* frontal gegen etw. prallen
la **section** die Abteilung
les **seins** *m. pl.* die Brüste
sembler scheinen
serein/e ruhig, gelassen
la **sérénité** die innere Ruhe, die Ausgeglichenheit
serrer drücken
silencieux/-euse still, schweigend
se **situer** sich befinden
SOC (Structure, Ossature, Charpente) Holzbau, Dachkonstruktion, Dachgebälk
le **sol** der Boden
les **solins** *m. pl.* die Schutzbleche für die Dachränder und den Schornstein
le **sommet** der Berggipfel
sortir (des vannes) à qn *fam.* von sich geben, jdm (dummes Zeug) auftischen
soudain plötzlich
souhaiter wünschen
le **soulagement** die Erleichterung
soupirer seufzen
sourire lächeln
le **sourire** das Lächeln
splendide *m./f.* prächtig
le **studio** die Einzimmerwohnung
le **sujet** das Thema
surgir auftauchen
sursauter aufschrecken

T

se **taire** schweigen

tant so sehr
taper dans le mille *fam.* ins Schwarze treffen
le **tasseau** der Balken
tel/telle solche/r
tellement so (sehr)
à **temps** rechtzeitig
tendre reichen
tenter sa chance sein Glück versuchen
la **terre ferme** der feste Boden
terriblement schrecklich
la **timidité** die Schüchternheit
tinter schlagen (Glocke)
le **toit** das Dach
le **tombeau** das Grab
Toussaint Louverture François-Dominique (1743–1803), Freiheitskämpfer, wird auf Haiti als « schwarzer Napoléon » verehrt
la **tulipe** die Tulpe

V
vaincre besiegen
il aurait mieux **valu** es wäre besser gewesen
la **vanne** der (schlechte) Scherz
Verlaine Paul Verlaine (1844–1892) berühmter französischer Dichter des Symbolismus und Freund von Arthur Rimbaud
le **vertige** der Schwindel
la **voie** die Orientierung, die Spezialisierung
la **voix** die Stimme

Z
zébré/e gestreift

Notes